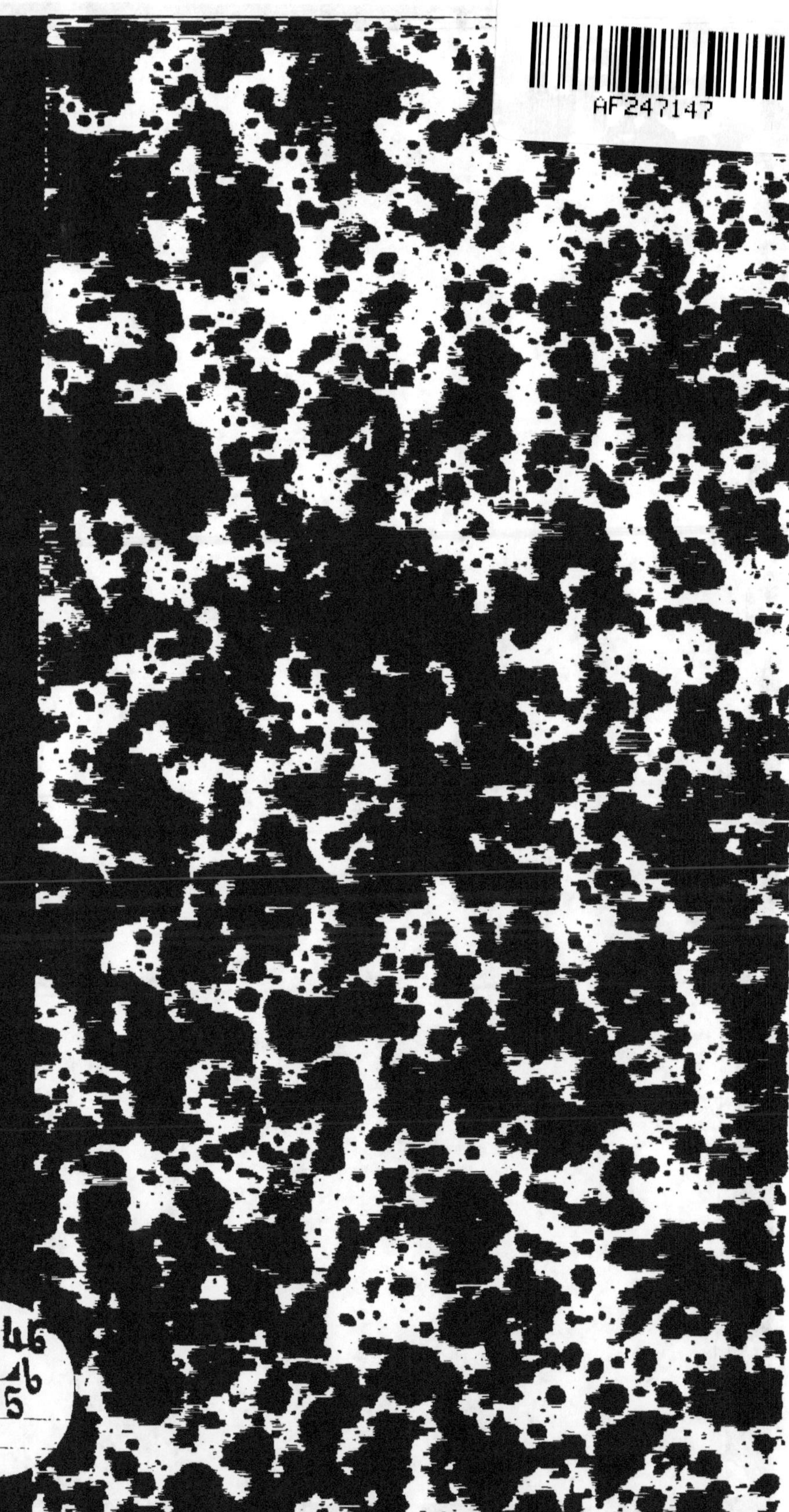

LETTRE

D'UN CAMPAGNARD

A UN ROYALISTE.

LETTRE

D'UN CAMPAGNARD

A

UN ROYALISTE,

SUR LA COALITION DE 1815.

Toute puissance est faible à moins que d'être unie.
LA FONTAINE.

PARIS,

CHEZ LES MARCHANDS DE NOUVEAUTÉS.

MAI 1815.

LETTRE

D'UN CAMPAGNARD

A UN ROYALISTE.

St. V....... avril 1815.

Vous vous abusez étrangement, Monsieur, en me prenant pour un adversaire digne de vous, et en me chargeant du fardeau d'une guerre polémique dans un moment où l'agriculture réclame tous les soins d'un bon cultivateur.

Les hautes spéculations qui constituent la science des gouvernemens, ou dirigent la marche des cabinets, ne sont point de mon ressort. Je n'ai besoin, pour gouverner mon champ, ni des idées, ni des secours de mes voisins ; je me sers de ma raison, de l'expé-

rience de mes aïeux ; et si je me livre parfois
à quelques innovations qui doivent améliorer
mon domaine, il me suffit qu'elles me con-
viennent pour les adopter ; je m'embarrasse
fort peu si elles sont approuvées ou non par
d'autres propriétaires, et si elles ne dérogent
pas aux coutumes et aux préjugés.

Je suis donc assez mauvais politique, car,
pour cette science, il faut tout voir, tout cal-
culer, connaître ses voisins comme soi-même,
et mes regards ne se portent point au-delà de
mes états champêtres.

Vous voulez, dites-vous, m'établir cham-
pion de l'ordre actuel des choses, pour avoir
la gloire de me convertir ou de me battre !
C'est une petite satisfaction que je ne puis vous
donner. Mes opinions n'ont jamais été pour
moi des moyens de *gloire* ou de *profit* ; je fuis
toute discussion de ce genre, dès l'instant que
je vois qu'elle n'a plus pour but l'amour de la
vérité et de mon pays, mais bien le triomphe
d'un amour-propre personnel.

Permettez-moi donc de ne point répondre à
toutes vos déclamations contre ce que vous appelez *patriotes* ; quoique *entaché* de cette *flé-
trissure*, je n'en estime pas moins un grand

nombre de royalistes ; mais la passion qui les égare les empêche presque toujours de conserver cette mesure digne et noble qui doit régler une discussion politique ; leurs raisons ressemblent si souvent à des invectives , qu'il vaut beaucoup mieux renoncer mutuellement à la gloire de se convertir.

Laissons donc de côté les partis. Aimez, désirez les Bourbons, puisque vous croyez votre bonheur impossible sans les Bourbons, je n'y trouverai rien à dire : souffrez aussi sans haine, sans emportement, que j'aime, que je désire un règne plus national, plus conforme aux progrès de nos lumières, puisque telle est ma folie ; mais, pour Dieu, lorsqu'il s'agira de la France, soyons tous Français ; lorsque la patrie sera menacée dans sa gloire, dans son existence, ne voyons plus que la patrie ; et pour satisfaire un délire sacrilége, n'allons pas immoler nous-mêmes notre pays, notre sol, nous et les nôtres.

C'est, Monsieur, sur cette partie de votre lettre, que je veux m'expliquer franchement avec vous.

La coalition, dont on parle tant, vous a tourné la tête, et vous a fourni les raisonnemens les plus extraordinaires pour caresser votre idée favorite.

Avec la coalition, tout s'arrange, suivant vous. La coalition doit chasser l'*usurpateur;* la coalition doit replacer Louis XVIII sur le trône ; elle va comprimer les partis, éteindre les factions, ramener la paix, le commerce, la prospérité nationale...... Et tout cela, sans ébranler le moins du monde cette pauvre France, car ces messieurs n'en veulent qu'à un seul homme ; ce qui montre clairement que, cet homme excepté, tout en France sera respecté, protégé, conservé, les personnes, les propriétés et les institutions !

En vérité, Monsieur, tout cela est merveilleux ; mais ce qui ne l'est pas moins, c'est l'assurance avec laquelle vous tracez la conduite des puissances alliées. Vous ne mettez pas en doute leur bonne foi ; vous nous répondez d'avance de leurs intentions bénévoles ; vous vous rendriez presque leur caution, et votre zèle charitable ne serait nullement effrayé d'une responsabilité qui s'étendrait sur les *faits* et *gestes* de cinq à six cent mille étrangers.

En lisant votre lettre, j'avoue que j'ai rougi

au fond de l'âme de voir que, pour certains de mes compatriotes (en très-petit nombre fort heureusement), il n'y avait plus de France là où il n'y avait plus de Bourbons, et que la soif du régime royal leur faisait adopter mille bévues, plus absurdes les unes que les autres, qui les dépouillent de toute pudeur nationale, et les livrent au mépris de l'Europe.

Vous trouverez ma franchise un peu amère, monsieur ; mais pour m'en justifier, je n'ai qu'à vous laisser examiner à vous-même ce que vous m'écrivez sur cette coalition que l'on ne fait encore que pressentir, et qui doit vous apporter tant de bonheur.

Vous appelez de tous vos vœux les baïonnettes étrangères dans le cœur de notre mère commune ; vous souriez à la pensée d'un Cosaque, d'un Prussien souillant de nouveau de leur présence le sol qui vous a donné une patrie, un titre social, une famille, des frères ; et, sacrifiant tout ce que les hommes ont de plus cher et de plus sacré aux rêveries qui vous possèdent, vous vendez à nos ennemis cette terre qui vous nourrit, qui doit nourrir vos enfans, et qui conserve dans son sein les restes de nos pères.

Mais ce n'est point encore assez, il faut que la France entière devienne votre complice ; il faut que tous les Français ouvrent les bras à leurs ennemis et se forgent eux-mêmes des chaînes !....

Voilà, monsieur, ce que je ne puis comprendre, et ce qui s'allie mal avec le nom d'honnête homme que vous avez mérité dans le monde. C'est en vain que vous prétendez colorer ce sentiment des promesses des puissances étrangères qui garantissent, dites-vous, l'intégrité de la France, la sécurité de ses habitans, le respect aux propriétés, et qui protestent qu'elles n'ont en France qu'un seul ennemi, qu'elles ne veulent renverser qu'un seul homme....... Ce langage astucieux ne trompe plus que ceux qui veulent être trompés ; je vous déclare que le dernier de nos villageois a plus de raison qu'il n'en faut pour en saisir le ridicule et la fausseté maladroite.

Vous voulez que nos paysans regardent six cent mille Russes, Anglais et Allemands qui entrent en armes chez eux, comme des libérateurs, lorsqu'ils ne demandent point à être *délivrés* ; qu'ils traitent en amis ceux qui les humilient et les outragent !

Voilà ce qu'ils n'entendront jamais, et ce que tout votre art ne saurait leur persuader!

Ouï, monsieur, ces *brutes*, comme vous les appelez très-élégamment, sont décidés à ne pas accueillir fraternellement ces braves et fidèles alliés qu'ils ont l'impertinence de qualifier d'*étrangers*; ils persistent à se croire obligés de les repousser : leurs têtes sont si dures, que tous les raisonnemens imaginables ne pourraient les convaincre que les Russes et les Prussiens, qui, en 1813 et en 1814, ont saccagé leurs villages, dévasté leurs récoltes, pillé, incendié leurs maisons, soient pourtant leurs *meilleurs amis*; il n'en est pas un seul qui ne parle de recevoir ces *bons amis* à coups de fourches et de fusils..... Vous voyez qu'ils sont un peu loin de ces manières débonnaires que vous leur désirez, et qu'ils n'ont pas grande confiance dans ce système de pacification, de modération que vous et vos *alliés* avez tant d'intérêt à leur faire adopter.

Que voulez-vous? Diviser les Français, en les leurrant d'un espoir que l'étranger ne veut point réaliser. Les diviser, c'est les anéantir! C'est contre cette calamité que tout bon Français doit armer ses concitoyens, et je vais le tenter aujourd'hui.

Vous prétendez séparer les Français de leur chef, en publiant que les puissances alliées ne font la guerre ni à la France, ni aux Français. Erreur ou mauvaise foi, contre laquelle nous sommes déjà prémunis, et qu'un petit nombre d'illuminés essaie en vain de faire germer dans les têtes, en se rendant l'écho de nos ennemis.

Les puissances alliées ne marchent ni pour l'intérêt des Bourbons, ni contre l'empereur Napoléon tout seul ; elles marchent contre la nation, contre la France : il faudrait être aveugle pour nier cette vérité, devenue bannale dans nos campagnes, et que je suppose tout aussi répandue dans ce que vous nommez la *populace* de Paris.

. Oui, monsieur, ces paysans, que vous affectez si fort de dédaigner, sans être fins politiques, ne prennent point le change sur les véritables intentions des étrangers ; leur gros bon sens ne les égare point, parce qu'ils jugent plutôt avec leur raison et l'expérience qu'avec leurs préventions : comme ils n'ont

rien de cet amour-propre, de cet entêtement
et de cette prétention orgueilleuse qui éterni-
sent les discussions de partis, ils rencontrent
tout de suite la vérité, et l'on peut dire que,
chez eux, il n'y a pas de combats de *beaux-
esprits*, faute de combattans.

Je les vois, je les écoute, et c'est leur
propre jugement, que je vous transmets, en
me permettant néanmoins d'étendre, de polir
leurs idées, et d'y joindre quelques dévelop-
pemens.

Les puissances alliées n'ont point pour but
le rétablissement des Bourbons sur le trône de
France. Elles les avaient oubliés et abandonnés
long-temps avant que les Bourbons se présen-
tassent d'eux-mêmes en 1814, pour profiter des
circonstances, parce qu'avant cette époque, la
politique des puissances ne leur rappelait pas
l'existence de cette famille. Elles l'oublieraient
et l'abandonneraient de même aussitôt que
leur ambition serait satisfaite, que leurs projets sur la France seraient exécutés, et qu'ils
auraient réduit ce beau pays à l'état de nullité
et d'avilissement qui peut seul les rassurer sur
leur propre grandeur.

Il est avéré qu'avant la coalition de 1813,

l'empereur Napoléon était reconnu par toutes les puissances, et qu'aucune d'elles ne réclamait pour Louis XVIII.

Il est avéré que la coalition de 1813 a marché, jusqu'au dernier moment, sans parler des prétendus droits de Louis XVIII, et que, jusqu'au dernier moment, au contraire, elle a parlé de traiter avec l'empereur Napoléon.

Il est avéré que les coalisés de 1813, en replaçant les Bourbons sur le trône, n'ont fait que céder aux instigations d'un Français, et nullement au besoin d'acquitter une promesse jurée antérieurement à Louis XVIII.

Il est encore avéré qu'en posant la couronne de France sur la tête d'un Bourbon, les alliés se sont attachés à dépouiller cette couronne de son éclat de sa puissance, de sa gloire et de sa récente influence en Europe.

Etait-ce donc agir pour les Bourbons ou pour eux-mêmes ?

Il faut ouvrir les yeux ; il faut se dégager d'illusions funestes à notre sûreté, et donner enfin à chaque chose le nom qui lui convient. Les souverains étrangers ont adopté les Bourbons par la conviction de leur extrême faiblesse, et non par intérêt pour leurs malheurs ou par respect pour leurs droits. Il était nécessaire à leur politique que le trône de France fût occupé par une famille vis à-vis de laquelle ils pussent tout se permettre, qui fût hors d'état de leur résister et de rien refuser. Ils ont été servis à souhait : les sacrifices de tout genre ont été commandés et servilement exécutés; la France morcelée, déchirée, injuriée dans sa gloire, dans ses vingt-cinq ans de triomphes, n'a plus trouvé de monarque qui sût lui révéler le secret de son énergie et de sa grandeur; elle a courbé son front devant ces rois qui la redoutaient encore enchaînée; en cherchant dans cette famille, qui lui était imposée, des guides fermes pour reconquérir son indépendance, elle n'a rencontré qu'un roi vassal de la coalition, tributaire du Nord; et cette superbe France, qui, suivant les proclamations mensongères de ces mêmes souverains, devait être conservée grande et forte, devenue sans caractère, sans force, sans grandeur, n'a plus paru au congrès que pour y voir consacrer sa spoliation.

Voilà, monsieur, tout le secret de la conduite de la coalition et de cette prédilection si

généreuse que vous lui supposez pour les princes dont vous désirez le retour.

Que m'importe leur motif? direz – vous,
pourvu qu'ils nous rendent les Bourbons.

A la bonne heure ; mais du moment que vous
n'êtes plus certaiu du principe, ni de la cause,
pouvez-vous l'être des effets? Non, sans doute.
S'il est démontré que les alliés n'ont adopté
une première fois les Bourbons que pour leurs
propres intérêts et pour dépouiller la France
tout à leur aise, n'est-il pas naturel de penser
qu'ils pourraient une seconde fois trouver un
autre mode de spoliation plus expéditif, plus
avantageux à leurs desseins, et qu'alors ils
renonceraient à soutenir leurs anciens proté-
gés avec autant de facilité qu'ils en ont mis à
les élever.

Il ne leur faut en France qu'un roi faible,
incapable d'étouffer les factions, les discordes
et tout ce qui ruine un grand État : or, la coalition de 1815, en supposant qu'elle se mette
en mouvement, peut trouver mieux qu'en
1813 : un prince russe, allemand ou anglais,
soutenu de quelques milliers d'étrangers, peut
devenir plus nécessaire à leurs projets d'en-

vahissement, et dès lors plus légitime à leurs yeux , qu'une famille qui n'a pas eu la force de se maintenir dans son propre pays et avec ses propres soldats. Et que diriez-vous , si ce tribunal suprême de monarques qui s'intitule congrès , et qui dispose de la couronne de Saxe en faveur d'un des juges mêmes de ce tribunal, allait aussi décider dans sa haute sagesse que les Français ont démérité de l'Europe, et que leur pays doit passer sous la domination d'un des potentats alliés , ou, du moins, être partagé à l'amiable ?

Cela vous paraît extravagant , monsieur; cependant rien n'est plus raisonnable.

L'expérience sera-t-elle donc toujours vaine pour les hommes , et ne leur apprendra-t-elle jamais à juger sainement les choses et les événemens ?

L'exemple du roi de Saxe , souverain légitime s'il en fut jamais, auquel on n'a pas même disputé sa légitimité ; dépouillé de ses états sans motif, sans raison que l'on ose avouer, n'est-il donc pas un avertissement salutaire pour ceux qui veulent toujours voir dans le congrès la justice et le salut des Bourbons!

Le principe de la légitimité qu'ils font sonner si haut, et sur lequel vous comptez tant pour la cause de Louis XVIII, n'est pas plus respecté par les alliés que les droits des nations; c'est une cire molle qu'ils font plier entre leurs doigts, suivant leurs caprices ou leurs intérêts. Ils l'ont proclamé pour rétablir les Bourbons, ils l'ont méconnu pour détrôner le roi de Saxe; ils le représentent dans toute sa force pour combattre de nouveau Napoléon, et ils le dissimulent pour rassurer aujourd'hui Joachim sur la possession de la couronne de Naples, qu'ils lui enlevaient, il y a un mois, précisément à cause de son *illégitimité*; ils voulaient y replacer un Ferdinand *très-légitime à cette époque*, et qui, grâce à ce nouvel intérêt du congrès forcé par les succès de Joachim, peut devenir *très-illégitime*.

Cela n'est-il pas amusant, et ne devons-nous pas convenir que cette légitimité si chanceuse n'est qu'un hochet dont les têtes couronnées amusent les peuples qui sont encore d'âge à s'en contenter?

Mais, pour engager les Français à demeurer spectateurs oisifs des efforts de la coalition, vous allez me répéter, je le vois, que les puissances n'en veulent qu'*à un seul homme*, qu'ils ne font la guerre *qu'à un seul homme*, qu'ils ne toucheront point à la France, et qu'une fois *ce seul homme renversé*, ils se retireraient contens d'avoir assuré la paix générale.

De toutes les erreurs adoptées avec passion par nos royalistes, voilà sans contredit la plus inconcevable et la plus dangereuse.

Après ce que nous avons vu, ce que nous avons éprouvé, comment toute la France peut-elle entendre ces déclarations pompeuses sans sourire de pitié ?

L'expérience serait donc perdue pour nous ?

Quoi ! la blessure est encore ouverte, le sang coule, la douleur nous poigne, et aux paroles trompeuses de notre ennemi nous oublierions tout à coup le fer avec lequel il nous a percés et qu'il tient encore à la main !

Non, ce faste de générosité affecté par les puissances du Nord n'en impose plus à personne ; toutes leurs promesses magnifiques ne présentent, aujourd'hui qu'on en connaît la juste valeur, que des mots vides de sens, ou, ce qui est pis encore, une ironie sanglante, un persifflage amer.

Pour juger les alliés avec une rigoureuse impartialité, ne les comparons qu'à eux-mêmes ;

c'est le seul moyen d'apprécier la sincérité de leur langage. Nous saurons bientôt ce que nous devons attendre de leurs promesses de 1815, en nous reportant à leurs actions de 1813.

Lors des premiers mouvemens de la coalition de 1813, les hautes puissances tenaient à la France le même langage qu'elles adoptent aujourd'hui.

En 1813, mêmes promesses de ne renverser qu'un seul homme, même système de justice, de modération, de respect pour la dignité française et pour les pays composant son territoire. Qu'est-il arrivé ?

Celui qui avait servi de prétexte aux armemens de toute l'Europe, s'est exilé. Nous avions droit d'attendre que ce sacrifice obtiendrait des puissances l'exécution religieuse de leurs promesses : le but de la coalition n'était-il pas rempli ? Il l'était aux yeux des nations, et la France devait être conservée intacte. Mais on voulait humilier, enchaîner le grand peuple ; aussitôt la Belgique est détachée de nous et cesse d'être France. On nous traite en pays conquis au mépris de toutes les proclamations données à notre crédulité. L'un exige la remise de nos places sur le Rhin ;

(21)

l'autre demande qu'on lui livre des ports; un troisième ordonne que nos vaisseaux , nos armes soient partagés ; sans respect pour ces vétérans de l'honneur français, on arrache même à nos invalides, les canons confiés à la mémoire de leurs exploits, et par ce dernier outrage, on insulte la valeur nationale jusque dans ces preux si fiers de leurs cicatrices , et si grands de leurs souvenirs !...

C'est ainsi que la malheureuse France profanée, dépouillée, sans force maritime, sans force continentale, n'a plus gardé de sa grandeur passée que le seul nom de France, et dans cet état d'abjection et de honte, elle trouvait encore dans son sein des hommes faibles ou crédules pour exalter la loyauté des puissances. et la générosité de ces prétendus libérateurs.

Voilà la coalition de 1813, Monsieur, et d'après l'esquisse imparfaite de tout ce que nous lui devons, je vous demande ce que vous pouvez attendre des coalisés de 1815 et de leur langage semblable en tout à celui de 1813.?

Pour peu que vous raisonniez avec votre expérience , vous me répondrez comme les bons habitans de nos campagnes, dont voici toute la logique.

En 1813, les ennemis avaient juré qu'ils n'en voulaient qu'à un seul homme et qu'ils respecteraient la France.

Cet homme s'est sacrifié, et les ennemis nous ont enlevé la Belgique, etc. etc. etc.

Il est clair que ce n'était pas à l'homme seul qu'ils en voulaient, mais à la France, qu'ils trouvaient trop forte et trop grande.

En 1815, les ennemis nous jurent qu'ils n'en veulent qu'au même homme, et qu'ils respecteront la France.

Il est évident qu'ils se conduiront comme en 1813, et que l'homme qu'ils mettent en avant, n'est qu'un prétexte pour arriver jusqu'à la France, qu'ils ont l'intention de démembrer et peut-être de se partager définitivement.

C'est à la France à voir si elle veut consentir à être rayée de la liste des nations, et si son peuple se trouve d'humeur à ne plus compter que parmi les serfs et les ilotes.

Les alliés prétendront-ils qu'ils ont tenu leurs promesses en nous replaçant dans de vieilles limites, et que la France de 1792, qu'ils nous ont rendue, est toujours la France ?

Mais la France du quinzième siècle était aussi la France ; notre patrie infortunée au règne de

Charles VI, livrée aux guerres intestines et féodales , déchirée par ses propres enfans et les étrangers, près de tomber sous le joug des Anglais, était encore la France ; et je ne serais pas éloigné de croire que c'est cette France-là que la coalition de 1815 voudrait nous rendre dans sa *bienfaisante bonté*. En effet, les Bourguignons et les Orléanistes s'égorgeant entr'eux sous les yeux d'un roi impuissant, méconnu, et précipitant ainsi la ruine complète de la France, formeraient un spectacle bien doux pour la philantropie des hautes puissances coalisées et leur donneraient le gage le plus certain de leur suprématie et de leur empire.

Non, Monsieur, la coalition de 1815, comme toutes les coalitions qui se sont élevées dans les siècles précédens, n'a qu'un même but, qu'un seul objet, celui de comprimer, de ruiner les forces de la France. Elle n'est point dirigée contre un seul homme, mais bien contre l'existence de la nation entière. L'Europe sait ce que peuvent les Français inspirés par le génie, un grand caractère, une volonté ferme ; l'Europe connaît l'étendue et les ressources de la France, la richesses de ses productions, de

son sol, les forces de sa population, l'esprit,
la vivacité, l'honneur chevaleresque de ses
habitans, et surtout ce feu sacré, ce patrio-
tisme brûlant qui, depuis vingt-cinq ans,
enfante chez elle des héros et prépare ses
triomphes.... Dès lors l'Europe est armée
contre la France.

Elle consent à laisser vivre la France es-
clave, comprimée et gouvernée par des princes
faibles ;

Elle veut écraser la France libre, victo-
rieuse, et gouvernée par un chef qui serait
digne d'elle ;

Elle ne redoute point la France de 1814,
ignorant sa force, dépouillée de sa dignité ;

Mais elle tremble à l'aspect de la France de
1815, qui se réveille au nom de liberté, et
qui parle de reprendre son rang, ses droits au
milieu des nations.

Eh ! Monsieur, est-ce donc la première fois
que l'Europe s'est coalisée contre la France ?

Les règnes de François I*, de Louis XIV,
les premières années de la révolution, ont été
marqués par des guerres de presque toute l'Europe contre notre patrie. Parlait-on alors de
renverser un *seul homme*, de faire la guerre à

un *seul homme*, et de respecter la France ?
Non, Monsieur, on en agissait avec un peu
plus de franchise. François Ier, Louis XIV, les
idées révolutionnaires de 93 avaient exalté les
têtes françaises et les rendaient capables de
tout : il n'en fallait pas davantage pour armer
les autres puissances. Il en sera de même dans
tous les temps où nous pourrons déployer
notre énergie nationale. Que Napoléon cesse
de régner ; que l'on nous donne un Guil-
laume III, un Louis XIV, un Frédéric II, en
un mot, un chef capable, par son génié et
son courage d'obliger les Français à se mettre
à leur place, les coalitions recommenceront,
l'Europe s'armera de nouveau, et tentera d'a-
néantir la France et les Français.

Il est donc absurde de croire que la coalition de 1815 est toute contre Napoléon ; et
pour moi, quand j'y réfléchis, je ne sais comment l'histoire pourra parler sérieusement de
cette croisade européenne qui prétend ne vou-
loir renverser qu'un seul homme en sacca-
geant un des plus beaux empires de la terre,
et en combattant vingt-cinq millions d'habitans.

Et de quel droit cette assemblée de rois,
qui s'érige en juge suprême des couronnes et

des peuples, ose-t-elle proscrire un souverain sans savoir si sa nation approuve cette proscription ?

De quel droit prétendent-ils dicter nos choix, commander nos affections , élever ou déposer à leur gré les chefs de notre gouvernement, et méconnaître par ces violences tiranniques, le caractère des Français, le pouvoir de se donner leurs lois et l'indépendance d'un peuple généreux?

Les peuples ne sont-ils donc plus rien ? Tous les intérêts de la terre ne résident-ils plus que dans les volontés de sept à huit têtes couronnées ?

Quoi! la France est en paix avec toute l'Europe, lorsque sa couronne change de tête sans efforts, sans secousse intérieure, et voilà toute l'Europe en combustion; les puissances réunies s'arment et jurent une guerre à mort à la France, sans que celle-ci ait rompu avec une seule puissance!... Ne dirait-on pas, à voir cet embrasement général que ce n'était point la France qui était en paix avec la Russie, la Prusse, l'Angleterre , mais seulement Louis XVIII avec Alexandre, Frédéric et Georges?

L'Europe ne veut point de Napoléon , sans

savoir si la France le veut pour chef! Le congrès repousse Napoléon, et pourquoi cet anathème.... ?

Les alliés redoutent pour l'Europe l'ambition, l'esprit d'envahissement d'un seul homme, et l'Europe ne prend pas garde que les rois du congrès viennent d'envahir et de se partager la Saxe, la Pologne, l'Italie, la Belgique, Gênes et les autres dépouilles de la France.

Les alliés redoutent pour l'Europe le despotisme d'un seul homme, et l'Europe ne prend pas garde que les rois du congrès commandent en despotes à tous les peuples, dont ils prétendent régler les intérêts.

Qu'ils fondent à Vienne un marché général de terres et d'hommes, et que tandis que ces potentats *modérés* proclament le triomphe des idées libérales, et parlent d'abolir la traite des Noirs, ils établissent la traite des Blancs à la vue de tout l'univers.

Les alliés redoutent encore l'injustice de cet homme, qu'ils proscrivent, et leur premier acte, en se formant en congrès, est de punir un roi de n'avoir pas trahi son allié, de châtier ses peuples d'être demeurés fidèles à leur roi ! Ils parlent d'injustice et ils privent la Saxe d'un roi qu'elle aime, la Pologne et Gênes de leur indépendance, l'Italie de sa liberté!... Voilà la justice des souverains alliés vis-à-vis des peuples.

. Ce n'est pas le despotisme et l'oppression d'un seul homme que je crains pour la France, mon cher Monsieur, c'est le despotisme et l'oppression des rois coalisés.

Pénétrez-vous bien, avec tous mes concitoyens, de cette vérité : les alliés ne marchent pas plus pour les Bourbons que contre un seul homme ; ils marchent contre la nation, qu'ils veulent comprimer, qu'ils essaieraient d'abâtardir ; ils veulent anéantir les trophées de notre révolution, nos progrès, nos lumières nationales ; nous dépouiller de notre gloire, de notre puissance territoriale ; nous replonger dans un chaos de barbarie, nous rendre les guerres de la féodalité, du fanatisme, en un mot, nous conduire à une destruction complète et irrévocable. Hors de là, tout n'est chez eux que prétextes, mensonges et perfidies.

O mes compatriotes! quelle que soit l'opinion de chacun sur notre régime intérieur, soyons unis dès qu'il sera question de l'étranger : notre salut en dépend.

Ayons le noble orgueil de nous conduire nous-mêmes.

Ne donnons pas de lois aux autres peuples; n'en recevons de personne.

Ayons une constitution forte et sage, qui ne nous soit point *octroyée* par un roi. Une constitution est un contrat entre les peuples et leurs chefs; ne faut-il pas qu'elle soit consentie par les deux parties qu'elle oblige?

Honorons la mémoire des Bourbons : ils sont Français et malheureux; honorons-les, s'ils se montrent dignes de la France, et s'ils se souviennent qu'ils sont nés Français avant d'avoir été nos rois. Mais s'ils font porter, par les soldats du Nord, le fer et la flamme sur le sol de leur ancienne patrie ; s'ils prétendent nous reconquérir par la dévastation, rallumer notre amour en couvrant nos champs de monceaux de cendres et de cadavres..., oublions-les: ils auront cessé d'être Français.

N'écoutons pas ces lâches qui nous conseillent l'esclavage; ces vils apostats de l'honneur, qui n'usurpent le beau nom de Français que pour applaudir à l'infamie de leur pays : semblables à ces esclaves d'Orient, êtres avilis, qui ne connaissent ni famille, ni patrie, ni

honneur, bénissent leur opprobre, leur abjection, et servent en rampant les plaisirs du
pacha qui les a dégradés.

Français, soyons unis et nous serons invin-
cibles. *Royalistes, républicains, bonapartistes,
patriotes,* soyons Français si l'étranger paraît;
marchons tous d'un pas égal et ferme vers le
seul but qui doit rallier tous les partis : *la
conservation de la France, le salut des Français.* Écoutons ce cri de l'honneur national :
liberté ! indépendance ! Marchons sous la même
bannière, et, comme le faisceau du bon La-
fontaine, notre France sera indestructible tant
que nous resterons étroitement liés ; nous serons
rompus, anéantis aussitôt que divisés : soyons
unis, Français, et la France est sauvée !

FIN.

De l'Imprimerie d'A. Égron, rue des Noyers, n° 57.